Pe. Ferdinando Mancilio, C.Ss.R.

JESUS, MEU AMIGO

EDITORA
SANTUÁRIO

Direção editorial:
Pe. Fábio Evaristo Resende Silva, C.Ss.R.

Coordenação editorial:
Ana Lúcia de Castro Leite

Revisão:
Ana Lúcia de Castro Leite

Ilustrações e Capa:
Reynaldo Silva

Diagramação:
Bruno Olivoto

ISBN 978-85-369-0387-3

3ª impressão

Todos os direitos reservados à **EDITORA SANTUÁRIO** – 2020

Rua Pe. Claro Monteiro, 342 – 12570-000 – Aparecida-SP
Tel.: 12 3104-2000 – Televendas: 0800 - 16 00 04
www.editorasantuario.com.br
vendas@editorasantuario.com.br

APRESENTAÇÃO

A Editora Santuário, cumprindo sua missão catequética e evangelizadora, coloca ao alcance dos pais, catequistas e Comunidades a Coleção **Sementinhas de fé**. O projeto quer ser um subsídio que complemente e dinamize o processo catequético, oferecendo os principais elementos da fé cristã, numa linguagem simples e adequada à idade das crianças, que estão sendo iniciadas em sua vida de fé.

Os livros foram concebidos para serem bastante interativos, com ilustrações e tarefas que despertam o interesse da criança em explorar e conhecer os conteúdos que serão aprofundados na catequese. Portanto, os livros podem ser usados tanto no contexto da catequese formal, oferecida pelas Comunidades, como também pelos pais, pastorais e grupos que trabalham com crianças.

Há desenhos intencionalmente preparados para a criança colorir conforme sua percepção. É bom deixá-la colorir conforme seu desejo. Melhor o adulto não interferir, mas sim dar uma palavra de incentivo. Os catequistas ou os pais poderão ajudar a criança a penetrar cada página, mas jamais subtrair sua reflexão. Quando a criança fizer uma pergunta, essa jamais poderá deixar de ser respondida, e é bom lembrar que a resposta não deve ser além de sua pergunta.

Neste segundo volume, intitulado **Jesus, meu Amigo**, a criança será instigada a conhecer Jesus, o Filho de Deus, e tê-lo sempre muito perto, como amigo de verdade.

Desse modo, esperamos colaborar com a formação humana e cristã das crianças, ajudando os pais e catequistas a ter em mãos um material que os auxilie nesse compromisso de fé.

Tudo o que for feito para ajudar as pessoas, a começar pelas crianças, seja para a glória de Deus e de seu Filho Jesus Cristo. Assim seja.

Pe. Ferdinando Mancilio, C.Ss.R.

Um dia, quando Jesus já era moço e tinha perto dele seus amigos, que eram chamados Apóstolos, chegaram umas crianças que gostavam muito de Jesus e queriam conversar com Ele.

Mas sabe o que aconteceu? Esses amigos de Jesus começaram a espantar as crianças de perto de Jesus. Ele ficou bravo com eles e falou assim: "Deixem as crianças perto de mim, porque elas são a alegria do céu, do Reino de Deus".

Ah! Esses amigos de Jesus ficaram quietinhos e com vergonha!

Jesus gosta muito das crianças! Ele é nosso melhor amigo!

AGORA VOCÊ VAI CONHECER UM POUQUINHO MAIS SEU MELHOR AMIGO:

- Jesus nasceu em Belém, criança como nós...
- Veio morar no meio de nós porque Deus mandou e porque Ele gosta da gente...
- Ele gosta do seu papai, da sua mamãe, de todos...
- Sem Ele não somos felizes nem vamos para o céu...
- Ele é o Filho de Deus. Nós também somos. Por isso, Ele é nosso irmão mais querido...
- Tudo o que Ele falou e ensinou está no Evangelho...

JESUS É O FILHO DE DEUS.

NOSSA SENHORA, A VIRGEM MARIA,
É SUA MÃE. FOI ASSIM QUE O PAI
DO CÉU QUIS QUE JESUS VIESSE
MORAR ENTRE NÓS. ELE VEIO PARA
NOS SALVAR E NOS ENSINAR O JEITO
CERTO DE VIVER!
VOCÊ QUER APRENDER O QUE
ELE NOS ENSINOU? O QUE ELE
NOS ENSINOU ESTÁ ESCRITO NO
EVANGELHO!

JESUS É A SEGUNDA PESSOA DA SANTÍSSIMA TRINDADE.
A SANTÍSSIMA TRINDADE SÃO TRÊS PESSOAS:

PAI = O CRIADOR!

ESPÍRITO SANTO = O AMOR!

FILHO = O SALVADOR!

VAMOS REZAR:

Jesus, o Senhor veio morar no meio de nós. Que bom que veio morar conosco. A terra ficou mais bonita, mais cheia de amor. As crianças gostam do Senhor. Agora eu sei que junto do Senhor eu vou ser mais feliz e vou aprender muitas coisas. Eu quero um dia morar com o Senhor no céu. Por isso, vou fazer tudo o que mandou. Jesus, eu gosto muito do Senhor. Amém.

JESUS GOSTA DAS CRIANÇAS — GOSTA DE VOCÊ!

- Jesus tinha sempre muitas crianças perto dele. Ele as amava e era amado por elas...
- Ele brincava, amava e abençoava as crianças...
- Hoje, eu peço para Jesus vir brincar comigo, andar de bicicleta comigo, jogar bola comigo...
- Jesus quer também ir à escola com você...
- Jesus quer estar presente em toda a nossa vida...
- Ninguém é feliz sozinho e sem Jesus...

VAMOS REZAR:

Jesus, é muito gostoso saber que o Senhor está perto de mim e de meus coleguinhas. Fico feliz por saber que gosta muito da gente. Eu fiquei feliz porque o Senhor ficou bravo com gente grande que não deixava a gente ficar perto do Senhor. Como é bonito saber que o Senhor abraçou e abençoou a criançada. Jesus, eu quero ser seu cada vez mais. Por isso, vou rezar sempre para que seu Reino seja de todas as crianças e também de gente grande. Amém.

JESUS NÃO QUER NINGUÉM TRISTE NEM VIVENDO SOZINHO

ESCREVA NO SEU CADERNO OU EM ALGUM PAPEL:

(FAMÍLIA - COLEGUINHAS - SOZINHO(A) - AMIGO(A) - TRISTE)

EU GOSTO DE FICAR PERTO DE MINHA
_____ E DE MEUS _____!
EU NÃO QUERO DEIXAR MEU COLEGUINHA
FICAR _____!
EU QUERO SER _____ DE TODOS!
QUANDO ALGUÉM ESTIVER _____
EU VOU ANIMÁ-LO!

POR QUE JESUS NÃO QUER NINGUÉM TRISTE?

- Porque Jesus foi sempre amigo das pessoas, dos pobres e dos sofredores...
- Ele não quer ninguém sofrendo: nem gente grande, nem gente pequena...
- Jesus não quer ver criança sofrendo de fome ou de frio, ou doente...
- Jesus não quer ver criança abandonada na rua, nas praças...
- Nós temos de gostar e ajudar quem está triste e abandonado...
- Jesus nos ensinou a amar sempre e ir ao encontro das pessoas...

AGORA VOCÊ REZA ASSIM:

Jesus, o Senhor me deu a vida e me amou. Eu não quero ser egoísta, desejando as coisas só para mim. Eu quero repartir com os outros minha vida. Foi assim que o Senhor fez conosco: Repartiu sua vida! Eu quero fazer de tudo para ser feliz, amando o Senhor e meus amiguinhos e amiguinhas. Eu sei que o Senhor vai me ajudar e eu serei feliz. Amém!

*Jogar a tristeza para lá!
Estender a mão para cá!
Estender os braços e abraçar!
Ninguém pode ficar triste
ou sozinho, sem ter
alguém para amar, do jeito
que Jesus ensinou!*

JESUS QUER TODOS UNIDOS E NOS ENSINA A REZAR

Jesus nos ensinou uma oração muito bonita, que todos precisam saber de cor. É a oração do Pai-Nosso. Nela aprendemos a viver unidos, pois o Pai do Céu é Pai Nosso e não só "Pai Meu". Ele é meu e seu Pai do Céu, e não só meu, nem só de você. Ele é Pai Nosso. Vamos rezar?

Pai Nosso, que estais nos céus, santificado seja o vosso nome, venha a nós o vosso Reino,

Seja feita a vossa vontade, assim na terra como no céu.

24

O PÃO NOSSO DE CADA DIA
NOS DAI HOJE;

PERDOAI AS NOSSAS OFENSAS,
ASSIM COMO NÓS PERDOAMOS
A QUEM NOS TEM OFENDIDO;

E NÃO NOS DEIXEIS CAIR EM TENTAÇÃO,
MAS LIVRAI-NOS DO MAL. AMÉM!

VOCÊ ESTARÁ SEMPRE UNIDO:

Respeitando os outros, não fazendo maldades e sempre querendo só o bem, a amizade, a união.

Na escola, temos de estar unidos com os colegas e os professores. A escola fica mais bonita, mais cheia de vida...

Também lá em casa com nossos irmãozinhos e os coleguinhas...

É bonito ver a criançada saindo da escola e voltando para casa todas juntas. São como os elos da corrente...

As formiguinhas são muito unidas no formigueiro: arrumar o que comer, limpar o formigueiro, cuidar das formiguinhas pequeninas...

Na Comunidade, nós nos juntamos para rezar, amar e cantar... Assim ficamos mais unidos e mais felizes...

JESUS FICARÁ MUITO CONTENTE COM VOCÊ, SE VOCÊ FIZER TODAS ESSAS COISAS! SABE O QUE JESUS FALOU UM DIA? ELE FALOU ASSIM: "EU SOU A VIDEIRA, O TRONCO, E VOCÊS SÃO OS RAMOS". QUANDO CORTAMOS O GALHO DE UMA ÁRVORE, O QUE ACONTECE? ELE...! ENTÃO A VIDA SEM UNIÃO E SEM AMOR É COMO O GALHO DA ÁRVORE QUE FOI CORTADO! COMO VOCÊ QUER VIVER?

VAMOS REZAR:

Jesus, o Senhor nos ensinou a viver com as pessoas. Eu não gosto de viver sozinho. É muito melhor estar com os outros. Tudo fica mais bonito e mais cheio de vida. A professora, o papai e a mamãe sempre me falaram que não podemos viver sozinho ou sozinha. O Senhor, também, fez amizades com as pessoas e andava sempre com os discípulos. Eu quero, Jesus, viver sempre com o Senhor e com meus colegas. Amém.

VOCÊ SABIA QUE:

- Quem reza gosta de Jesus...
- Rezar é conversar com nosso melhor amigo, que é Jesus...
- Ele rezou muitas vezes, sozinho e com seus amigos, os discípulos. Ele nos ensinou a rezar o Pai-Nosso...
- Quando rezamos, falamos com Jesus e Ele fala conosco...
- A criança precisa rezar todos os dias: de manhã, à tarde, à noite...
- Jesus gosta muito da oração da criança, porque seu coração é muito puro...
- Vamos então rezar sempre...

QUANDO REZAMOS Jesus fica muito contente conosco! Você também gosta de ficar contente, feliz, não é mesmo? Então deixe Jesus sempre contente, conversando todos os dias com Ele!

Vamos terminar nossa conversa amiga, rezando com Nossa Senhora:

VAMOS REZAR OUTRA VEZ:

Maria, a senhora é a Mãe de Jesus. Deus gostou muito da senhora porque a senhora é santa. O Pai do Céu amou muito a senhora, e a Senhora, por amor, fez Jesus nascer no meio de nós. Nossa Senhora, eu fico pensando se Jesus não deu muito trabalho para a senhora. Mas sei que cuidou dele direitinho.

A senhora fez o mundo ficar mais bonito, porque Jesus veio nele morar e é nosso Salvador. Ele é o Filho de Deus, mas que nasceu no mundo por meio da senhora. Maria eu sei que a senhora gosta muito das crianças também. Muito obrigado porque nos deu Jesus e nos ama, e é nossa Mãe do Céu. Amém.

Jesus gosta muito de você, de seu papai e mamãe, de seus irmãozinhos e coleguinhas...
Jesus quer que você seja AMIGO ou AMIGA dele todos os dias!
Por isso, lembre-se de Jesus todos os dias!
E seja feliz com ele!